河南省地方标准

普通干线公路设计指南

DB 41/T 1496—2017

图书在版编目(CIP)数据

普通干线公路设计指南 / 河南省交通规划设计研究院股份有限公司主编. —北京：人民交通出版社股份有限公司，2018.4
ISBN 978-7-114-13676-4

Ⅰ.①普… Ⅱ.①河… Ⅲ.①干线公路—设计—指南 Ⅳ.①U412.1-62

中国版本图书馆 CIP 数据核字(2018)第 048221 号

书 名：	普通干线公路设计指南（DB 41/T 1496—2017）
著 作 者：	河南省交通规划设计研究院股份有限公司
责任编辑：	牛家鸣
责任校对：	张 贺
责任印制：	张 凯
出版发行：	人民交通出版社股份有限公司
地　　址：	(100011)北京市朝阳区安定门外外馆斜街 3 号
网　　址：	http://www.ccpress.com.cn
销售电话：	(010)59757973
总 经 销：	人民交通出版社股份有限公司发行部
经　　销：	各地新华书店
印　　刷：	北京市密东印刷有限公司
开　　本：	880×1230　1/16
印　　张：	2
字　　数：	49 千
版　　次：	2018 年 6 月　第 1 版
印　　次：	2018 年 6 月　第 1 次印刷
书　　号：	ISBN 978-7-114-13676-4
定　　价：	20.00 元

(有印刷、装订质量问题的图书，由本公司负责调换)

目　次

前言 .... Ⅲ
1 范围 1
2 基本规定 1
3 总体设计 2
4 横断面布置 3
5 路线 8
6 路基工程 8
7 排水工程 9
8 防护工程 10
9 路面工程 11
10 桥涵及交叉结构物 12
11 隧道工程 14
12 交叉工程 16
13 交通标志 18
14 绿化工程 19
15 沿线设施 21
16 交通机电工程 22
附录 A（规范性附录） 服务（停车）区选址报告 24
附录 B（资料性附录） 不同生态区域适生植物 25

Ⅰ

前言

本标准按照 GB/T 1.1—2009 给出的规则起草。

本标准由河南省交通运输厅提出并归口。

本标准起草单位：河南省交通规划设计研究院股份有限公司。

本标准主要起草人：杜战军、王世杰、汤意、李斐然、金晨光、李昕、柴啸龙。

本标准参加起草人：王卫中、阮飞鹏、曹豫涛、柴玉卿、孙志欣、杨博、杨胜、李峰伟、岳军委、李进勇、常亚洲、王宏伟、张栋、李明、张军伟、李清泉、梁营力、王忞俁、张兴达、张家祥。

普通干线公路设计指南

1 范围

本标准规定了普通干线公路设计的基本规定、总体设计、路线、和路基、路面、排水、防护、桥梁涵洞、隧道、交叉、绿化、交通机电等工程及交通标志的设计技术要求。

本标准适用于普通国道、省道公路的新建和改(扩)建工程的勘察设计。以公路项目立项的城际快速通道、城市组团之间的联络道路、城镇化社区道路也可参照执行。

2 基本规定

2.1 技术等级

普通干线公路技术等级选用应根据路网规划、公路功能、交通量,并结合建设条件论证确定,同时应遵循下列原则:
  a) 作为次要干线公路的国道应选用一级公路,交通量较小,受地形、地质等条件限制时,经论证局部路段可选用二级公路;
  b) 作为次要干线公路的省道宜选用一级公路,受地形、地质等条件限制时,可选用二级公路;
  c) 作为集散公路的国道、省道应选用二级及二级以上公路;受地形、地质等条件限制时,作为次要集散的省道,经论证可采用三级公路。

2.2 交通量

城市组团之间的联络道路、城市出入口道路方向不均匀系数和设计小时交通量系数应有相应的分析和论证。

2.3 设计速度

设计速度的选用应根据道路功能和技术等级,结合地形、工程经济、预期的运行速度和沿线土地利用性质等因素综合论证确定。并应遵循下列原则:
  a) 作为干线的一级公路,平原微丘区路段宜采用100 km/h,过城镇路段交叉道路密集时,可采用80 km/h;山岭重丘区路段宜采用80 km/h,特殊困难路段且因新建工程可能诱发工程地质病害时,经论证可采用60 km/h,但长度不宜超过15 km,或仅限于相邻两互通式立交之间的路段;
  b) 作为集散的一级公路应采用80 km/h,受地形、地质等条件限制,可采用60 km/h;
  c) 作为干线的二级公路宜采用80 km/h,受地形、地质等条件限制,可采用60 km/h;
  d) 作为集散的二级公路应采用60 km/h,受地形、地质等条件限制,经论证局部路段可采用40 km/h;
  e) 改(扩)建普通干线公路应不小于原设计速度,且符合a)~d)原则。

3 总体设计

3.1 干线公路应做好总体设计,满足公路使用功能、质量、安全、环保、节约的要求,同时与项目自然环境、经济、社会发展相和谐;使主体工程、安全设施、服务设施、管理设施,以及主体工程各专业间相互协调配套,充分发挥各自功能和项目总体功能。

3.2 各专业设计方案应充分比选,根据设计使用年限综合考虑建设、养护、管理等成本效益和安全、环保、运营等社会效益,选用综合效益最佳方案。

3.3 穿越或临近城镇非机动车、行人密集路段应考虑非机动车和行人的交通需求,可根据交通组成情况设置非机动车道和人行道。

3.4 以公路项目立项的城市组团之间的联络道路、城市出入口道路、城镇化社区道路应根据道路的使用功能和城镇规划确定道路的横断面形式,明确公路工程与市政工程的界面划分与衔接。

3.5 应充分重视安全设计,特别是下列路段:
   a) 运行速度大于设计速度的路段,视距、安全设施等宜满足运行速度的要求;
   b) 在长直线、长大下坡,以及隧道进出口、易结冰或有较大横风的桥梁、多雾等特殊路段应采取路侧、路面等警示和诱导措施;
   c) 位于连续长大下坡路段的服务区或停车区,应设置降温池、加水站、车况检查区等安全服务设施;
   d) 当设计阶段进行第三方安全性评价时,设计文件应论述安全性评价结论的执行情况。

3.6 初步设计阶段应编制服务(停车)区的选址报告。服务(停车)区的设置与选址应在对项目区域路网服务设施综合分析的基础上,结合沿线城镇、路网、人文景观、旅游区分布和规划情况,以及地形、地物和供水、供电等建设条件综合确定。选址报告的主要内容见附录A。

3.7 管理站区、养护工区选址与设施设置应征求管理单位意见,结合管理模式,在对项目区域路网管理设施综合分析的基础上选定。

3.8 对被交道路的改移和归并,应结合实际充分研究,采用合理可行的技术标准和设计方案。被交道路的改移应征得主管单位的同意。

3.9 干线公路改(扩)建设计应遵循以下原则:
   a) 应对原路进行系统地勘察和检测,收集原路历年的管养资料和交通事故资料,在对原路进行符合性评价和安全性评价的基础上,采取必要的措施消除原路的工程缺陷和交通安全隐患;
   b) 平原区路段宜采用双侧整体加宽,尽可能避免短距离的同向分离;山岭重丘区路段应综合研究论证原路状况、建设难易程度、现有设施和资源的可利用程度、拼接加宽结构的安全性、工程实施对原路及区域交通的影响,以及改(扩)建实施后的运营安全等因素,合理采用改(扩)建方案;
   c) 应充分利用原路,设计应明确拆除材料的利用方案;
   d) 应作保通方案设计,需要分流绕行时,应评估分流路线的通行能力,如需要对分流路线进行维护,应将维护费用纳入工程概算。

3.10 树立品质工程和绿色公路理念,做好环境、生态的保护和恢复,积极采用节能、环保设备。

4 横断面布置

4.1 一级公路

4.1.1 整体式路基

4.1.1.1 双向八车道一级公路，设计速度100 km/h的一般路段路基宽度41.00 m；设计速度80 km/h的一般路段路基宽度40.50 m，见图1。

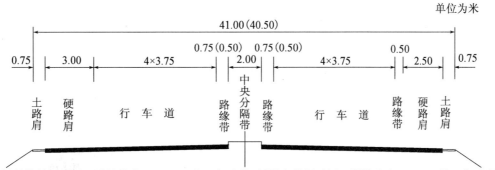

注1：括号外数据适用于设计速度100 km/h的一般路段，括号内数据适用于设计速度80 km/h的一般路段；
注2：内侧车道（内侧第1、2车道）仅限小客车通行时，其车道宽度可采用3.50 m。

图1 双向八车道一级公路标准横断面

4.1.1.2 双向六车道一级公路，设计速度100 km/h的一般路段路基宽度33.50 m，设计速度80 km/h的一般路段路基宽度33.00 m，见图2。

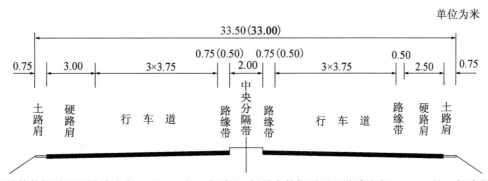

注：括号外数据适用于设计速度100 km/h的一般路段，括号内数据适用于设计速度80 km/h的一般路段。

图2 双向六车道一级公路标准横断面

4.1.1.3 双向四车道一级公路，设计速度100 km/h的一般路段路基宽度26.00 m；设计速度80 km/h的一般路段路基宽度25.50 m，见图3。

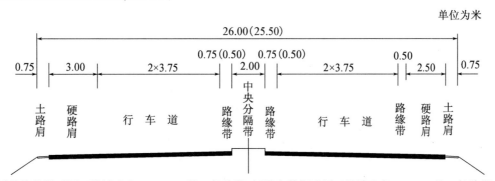

注：括号外数据适用于设计速度100 km/h的一般路段，括号内数据适用于设计速度80 km/h的一般路段。

图3 双向四车道一级公路标准横断面（中分带宽2.00 m）

当中央分隔带不需要设置管线设施,并设置混凝土护栏时,经论证中央分隔带宽度可采用 1.00 m,见图 4。

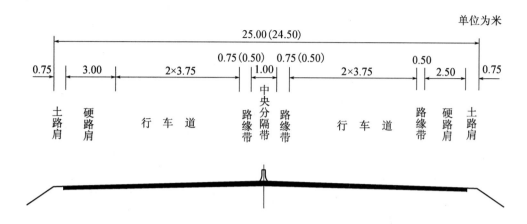

注:括号外数据适用于设计速度 100 km/h 的一般路段,括号内数据适用于设计速度 80 km/h 的一般路段。

图 4　双向四车道一级公路标准横断面(中分带宽 1.00 m)

山岭区具集散功能的一级公路,受地形、地质等条件限制,经论证可采用路基宽度 21.50 m 的断面,见图 5。

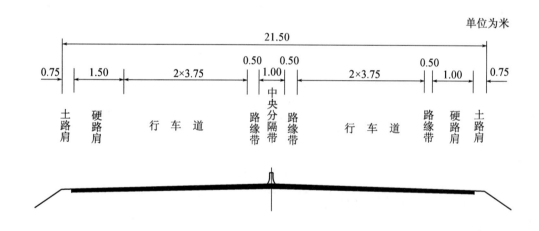

图 5　双向四车道一级公路标准横断面(山岭区具集散功能)

4.1.2 分离式路基

采用分离式断面时,应设置左侧硬路肩,其宽度不应小于表 1 的规定值。左侧硬路肩宽度包含左侧路缘带宽度。

表 1　分离式断面一级公路左侧路肩宽度

设计速度(km/h)	100	80	60
左侧硬路肩宽度(m)	1.00	0.75	0.75
左侧土路肩宽度(m)	0.75	0.75	0.50

4.1.3 右侧硬路肩宽度

一级公路右侧硬路肩宽度应符合表2规定,并应符合下列原则:
a) 建设条件特殊受限时,经论证可局部压缩硬路肩宽度,硬路肩最小值见表2,同时应妥善处理好非机动车和行人的交通需求;
b) 干线一级公路硬路肩宽度小于2.50 m时,应设置紧急停车带。紧急停车带宽度应为3.50 m,有效长度不应小于40 m,间距不宜大于500 m;
c) 压缩硬路肩的路段应进行安全性评价,并根据评价结果采取相应的安全措施。

表2 一级公路硬路肩宽度

设计速度(km/h)	100	80(干线功能)	80(集散功能)	60
右侧硬路肩宽度一般值(m)	3.00	3.00	3.00(1.50)	1.50
右侧硬路肩宽度最小值(m)	1.50	1.50	0.75	0.75

注:设计速度80 km/h具集散功能的一级公路,山区建设条件困难时,经论证可采用括号内数值。

4.1.4 过城镇路段、城市组团之间的联络道路

一级公路过城镇路段以及以公路项目立项的城市组团之间的联络道路应遵循下列原则:
a) 设计速度不宜大于80 km/h;
b) 宜考虑非机动车和行人等的交通需求,可根据交通组成情况设置非机动车道和人行道。非机动车道路面宽度(含两侧路缘带宽度)单向通行时不宜小于3.50 m,双向通行时不宜小于4.50 m,人行道宽度不应小于2.00 m,见图6;
c) 机动车道与非机动车道之间宜设置1.50 m宽侧分带,侧分带宽度可根据设施带实际宽度确定;
d) 当单向机动车车道数大于或等于3,内侧车道(内侧第1、2车道)仅限小客车通行时,其车道宽度可采用3.50 m。

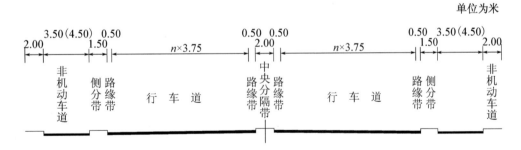

注:图中 n 大于或等于2、小于或等于4。

图6 过城镇路段标准横断面

4.2 二级公路

4.2.1 一般路段

4.2.1.1 设计速度80 km/h时,一般情况下路基宽度宜采用12.00 m,见图7。非机动车和行人较多时可采用15.00 m,见图8。

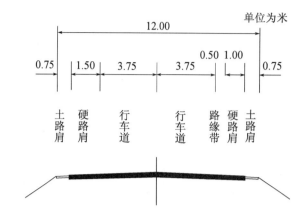

图7 设计速度80 km/h的二级公路(一般情况)标准横断面

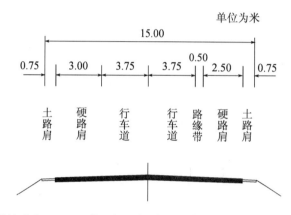

图8 设计速度80 km/h的二级公路(非机动车和行人较多时)标准横断面

4.2.1.2 设计速度60 km/h时,一般情况路基宽度宜采用10.00 m,见图9。当建设条件允许时可采用12.00 m,见图10。

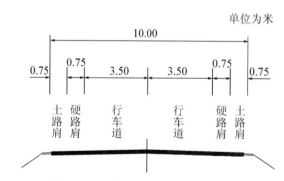

图9 设计速度60 km/h的二级公路(10.00 m宽)标准横断面

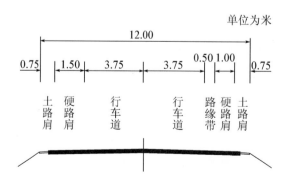

图10 设计速度60 km/h的二级公路(12.00 m宽)标准横断面

4.2.2 慢行车辆较多路段

二级公路慢行车辆较多路段应符合以下规定：
a) 二级公路慢行车辆较多时，可根据需要采用加宽硬路肩的方式设置慢车道，慢车道宽度3.50 m，见图11；

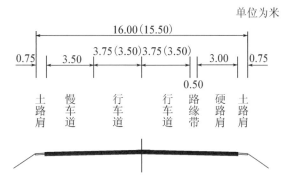

图11 设置慢车道的二级公路标准横断面

b) 设置慢车道的路段，行车道与慢车道之间应施划实线，见图12。

图12 设置慢车道的二级公路车道划分

4.2.3 过城镇路段、城镇化社区道路

二级公路过城镇路段和以公路项目立项的城镇化社区道路应遵循下列原则：
a) 宜双侧各增加一个机动车道。机动车道与非机动车道之间应设置侧分带，侧分带宽度根据隔离设施和市政设施布设需要可采用0.50 m[图13a)]或1.50 m宽[图13b)]；非机动车道路面宽度(含两侧路缘带宽度)单向通行时不宜小于3.50 m，双向通行时不宜小于4.50 m，人行道宽度不应小于2.00 m，见图13。
b) 运行限速不应大于60 km/h，过城镇路段行车道宽度宜与两端路段行车道宽度一致。

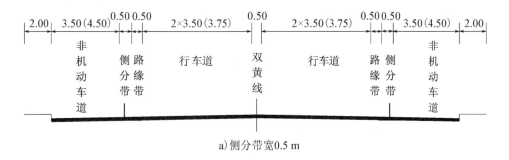

a) 侧分带宽0.5 m

图13 过城镇路段二级公路标准横断面

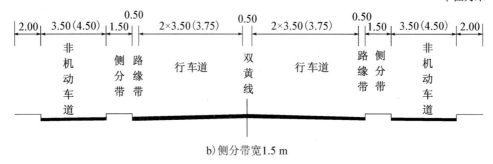

b) 侧分带宽1.5 m

图13 过城镇路段二级公路标准横断面(续)

注：当机动车交通量较大或兼具城市主干路功能时,应设置中间分隔设施。

5 路线

5.1 宜选用超高横坡不大于4%的平曲线半径,超高横坡宜满足运行速度的要求,最大超高横坡应控制在6%以内。

5.2 大桥及特大桥纵坡不宜大于3.5%。

5.3 过城市规划区路段的平面线位和道路高程应符合城市规划要求。

5.4 设置有非机动车道的城镇路段,非机动车道纵坡宜小于2.5%,当大于或等于2.5%时,纵坡最大坡长应符合表3的规定。

表3 非机动车最大坡长

纵坡(%)		3.5	3.0	2.5
最大坡长(m)	自行车	150	200	300
	三轮车	—	100	150

5.5 一般情况下,道路纵坡应不小于0.3%,以利路面排水。当条件受限,道路纵坡小于0.3%时,路面应采用分散式排水。

5.6 改(扩)建工程应遵循下列规定：
   a) 原路平、纵面线形符合原设计规范、不满足现行规范的路段,经安全评价并完善交通工程设施后满足行车安全时,可利用原有平、纵面线形；
   b) 原路设置有中央分隔带时,应对原路两幅分别进行纵断面拟合和纵断面设计；
   c) 为充分利用老路,可适当降低规范规定的最小坡长要求,但应满足规范规定的最小竖曲线长度；当因路基段加铺需要在桥头设置渐变段时,渐变段坡差不宜大于1/1000,且渐变段长度不宜小于50 m。

6 路基工程

6.1 路基设计

6.1.1 当原地面横坡陡于1:2.5,和沿崖、河、塘临空面高的路段,应验算路基沿基底及基底软弱层滑动的稳定性。

6.1.2 填土路基上路床范围内应进行掺灰(或水泥)处理,下路床和路堤范围应视填料性质通过试验确定。

6.1.3 路基填高小于20 m时,边坡宜采用折线形式,大于20 m时宜采用阶梯形式;挖方路堑边坡应采用阶梯形式,边坡平台宽度不宜小于2 m,一般土质路堑边坡分级高度不宜大于8 m,膨胀土路堑边坡分级高度不宜大于6 m,石质边坡分级高度应结合岩性和层理分布具体确定。

6.1.4 填高小于2 m,连续长度较长且排水顺畅路段,当土地条件允许时,可考虑采用缓于1∶3.5的流线型缓坡,并配合使用浅碟形边沟,以利于行车安全和景观。

6.1.5 直立性较好的非自重湿陷性黄土路堑边坡应采用1∶0.3～1∶0.5的陡边坡,挖方较深的自重湿陷性黄土边坡应进行工点勘察与设计。

6.1.6 对陡坡路基、挖方高边坡、滑坡地区的路基,应提出对施工方案的特殊要求和监测要求。

6.2 特殊地基处理

6.2.1 不良地质路段的地基应进行必要处理。

6.2.2 当桥头地基采用复合地基等措施处理时,处理段路基与一般路基之间应设置过渡段,桥头处理段长度和过渡段长度宜分别为2倍路基填土高度。

6.2.3 湿陷性黄土地基宜采用强夯、灰土挤密桩、水泥粉煤灰碎石桩(CFG桩)等方法处理。

6.2.4 软弱土层厚度均匀且含水率较高的黏性土及淤泥质土等地基,宜采用塑料排水板、加固土桩、CFG桩处理。

6.2.5 含水率高的粉土、粉砂土地基,宜采用天然砂砾、碎石垫层、碎石桩并结合超载预压措施加速地基排水固结,或采用加固土桩、CFG桩等方法处理。

6.2.6 地下水位较高的软弱粉土、粉砂土地基不宜采用振动成桩工艺。

6.3 改(扩)建工程

6.3.1 应收集原路基的设计、施工、护等资料,查明路基填料、含水率、强度及防护、排水设施的使用状况和稳定状态,并分析评价改(扩)建对原路基稳定性的影响。

6.3.2 升级改建项目应对原有路基高程进行复核,确保满足水文要求。

6.3.3 地基处理宜采用原路基成熟的处理形式。

6.3.4 整体拼宽路基处理不宜采用排水固结、强夯等对原路基稳定影响较大的方法。

6.3.5 路基搭接施工时,应由下至上按照清表—开挖台阶—填筑路基的顺序逐级进行,不得一次性全坡面清表。

6.3.6 新、原路基搭接的台阶宽度一般不宜小于1.0 m,坡脚处台阶宽度不宜小于1.5 m;土石方计算时应包括边坡台阶开挖和填筑的数量。

6.3.7 加宽路堤采用细粒土填筑时应加强路基内部排水设计。

6.3.8 既有挡土墙路基拼接时,上部支挡结构物应拆除,拆除高度宜低于路床底面;剩余未拆除部分不应对新的路面结构层受力变形产生不利影响,并应对下部路基填料和拼接工艺提出相应要求。

6.3.9 路基拼接时,应控制新老路基之间的差异沉降,原有路基与拓宽路基的路拱横坡度的工后增大值应不大于0.5%,并应对路基总沉降量进行控制。

6.3.10 整体加宽的高路堤或陡坡路堤,除验算整体稳定性外,还应对加宽部分路基进行稳定性验算,验算方法宜采用不平衡推力法,安全系数不应小于1.3。

7 排水工程

7.1 排水系统总体设计

7.1.1 路基排水设施应和桥梁、隧道等排水设施相顺接;服务及管理设施场地应与主体工程一并进行综合排水设计。

7.1.2 边沟、排水沟、截水沟应进行拉坡设计；边沟、截水沟、急流槽（管）等永久性排水构造物施工前，应现场确认场地条件与设计时是否一致，必要时进行调整。

7.2 路面表面排水

7.2.1 排水方式的选择应结合防护形式综合确定。粉土、粉砂土路堤宜采用集中排水方式，黏土路堤可采用分散排水方式。

7.2.2 纵坡小于1.5%路段的急流槽进水口可采用对称式喇叭形式，其他路段应采用非对称式喇叭形式。

7.3 一级公路中央分隔带排水

7.3.1 当中央分隔带未采用铺面封闭时，一般路段宜采用纵向碎石盲沟＋横向排水管方案；排水量较大、横向排水管设置困难时，可采用纵向混凝土暗沟方案。

7.3.2 反向凹形竖曲线底部应设置横向排水管，排水管设置困难时，应对中央分隔带进行封水处理。

7.3.3 超高路段纵向盲沟水应就近导入集水井中。

7.3.4 超高路段纵向集水沟不应侵占左侧行车道边缘标线范围。

7.3.5 一般超高路段横向排水管出口宜布设在超高外侧，低填及路堑段可布置在超高内侧。

7.4 坡面排水

平原区排水困难路段，可适当增大边沟尺寸，分段积水蒸发，尽可能少设蒸发池。如设置蒸发池，应在蒸发池周边增设隔离设施，避免人员进入。

7.5 改（扩）建工程

7.5.1 应对原路基排水设施进行全面、系统地调查、评价，充分吸取原排水方式的经验和教训。

7.5.2 一级公路原路基未设置中央分隔带排水设施导致路基含水率高、病害严重的路段，应增设排水设施。

7.5.3 一级公路单侧整体加宽老路采用原双向路拱时，应在新中央分隔带内设置纵向排水设施，并通过设置于新路的横向排水设施排出路外。

8 防护工程

8.1 填土路基边坡防护

8.1.1 黏性土边坡高度不大于5 m、粉性土边坡高度不大于4 m时，应以植物防护为主。

8.1.2 黏性土边坡高度大于5 m、粉性土边坡高度大于4 m时，宜采用植物防护与圬工骨架相结合的形式。

8.2 路堑防护

8.2.1 一般土质边坡高度不大于4 m时，应以植物防护为主；边坡高度大于4 m时，宜采用植物防护与圬工骨架相结合的形式。

8.2.2 采用圬工防护的路段，宜在碎落台种植藤蔓植物。

8.2.3 黄土路堑边坡坡脚宜设置浆砌片石护脚墙。

8.2.4 挖方路堑段跨线桥下边坡不宜采用浆砌片石等大面积圬工防护，宜采用植物或圬工骨架内植草灌防护。

8.2.5 路堑边坡平台排水沟及堑顶截水沟应做好防渗水设计。

8.2.6 膨胀性(岩)土挖方边坡或采用锚杆(索)加固的边坡,应开挖一级、防护一级,并做好施工期间的临时防护和排水措施。

8.3 检查步梯

路基边坡应结合防护、排水工程设置检查步梯,间距不宜大于200 m,且每个挖方段落不应少于1处。

8.4 改(扩)建工程

改(扩)建拆除的浆砌片石等圬工材料,应视情况予以再利用。

9 路面工程

9.1 路面材料

9.1.1 水泥稳定碎石混合料应通过试验和调查确定合理的配合比,试件成型应采用振动成型方法,以合理控制水泥剂量。水泥稳定碎石基层的水泥剂量一般为3%～5%,当达不到强度要求时应调整级配,水泥的最大剂量不应超过5.5%。

9.1.2 对于道路新材料、新工艺,如橡胶沥青混合料、温拌沥青混合料、双层摊铺技术等,应遵循积极推广、合理应用的原则,总结经验、科学选用。

9.2 路面结构

9.2.1 长大纵坡路段应采取添加抗车辙剂、级配优化和结构优化等措施,进行特殊设计。

9.2.2 信号灯控制路口路段,当重载交通较多时,宜采取添加抗车辙剂、级配优化和结构优化等措施,进行特殊设计。

9.2.3 根据设计年限内一个车道上的累计当量轴次,推荐的一级及二级公路沥青路面结构见表4、表5。

表4 一级公路沥青路面推荐结构

累计标准当量轴次(万次)		
300～1200	1200～2500	>2500
沥青混凝土12 cm～13 cm	沥青混凝土12 cm～18 cm	沥青混凝土16 cm～20 cm
水泥稳定类材料32 cm～40 cm	水泥稳定类材料48 cm～52 cm	水泥稳定类材料50 cm～54 cm

表5 二级公路沥青路面推荐结构

累计标准当量轴次(万次)		
<300	300～1200	1200～2500
沥青混凝土4 cm～7 cm	沥青混凝土9 cm～12 cm	沥青混凝土12 cm
水泥稳定类材料18 cm～20 cm	水泥稳定类材料32 cm～40 cm	水泥稳定类材料36 cm～48 cm
注:二灰稳定类材料用作二级公路底基层时,需经结构验算。		

9.3 改(扩)建设计

9.3.1 应加强既有路面检测,在既有路面进行改善施工前宜再次进行旧路检测,以全面、及时掌握既有路面状况。

9.3.2 既有路面处治设计应遵循以下原则:
 a) 充分利用既有路面结构与路面废料;
 b) 消除既有路面结构病害和恢复路面结构强度;
 c) 新旧路面结构、设计寿命、高程应协调一致。

9.3.3 既有路面处治设计应根据路面病害合理归并段落,分段评价,分段设计,并遵循以下原则:
 a) 分幅、分车道进行处治方案设计;
 b) 为便于机械化连续施工,连续病害分段长度不宜小于300 m;
 c) 连续病害段落处治宜优先考虑再生技术,减少废旧材料产生;
 d) 孤立零星病害应进行单点处治方案设计。

9.3.4 水泥混凝土路面加铺沥青层时,应根据路面结构承载力、路面破损状况、板底脱空状况、接缝传荷能力以及断板率等检测数据,论证采用注浆加固法、局部挖除补强法、直接加铺罩面法、打裂法、碎石化法、冲击压实法、整体挖除换填法等处治后,作为基层或底基层使用。

9.3.5 复合式路面加铺沥青层时,应采用接缝或裂缝处的弯沉差评价传荷能力,当接缝或裂缝处的弯沉差大于0.05 mm时,宜采用板底注浆或切割换板等方式进行处治。

9.3.6 路面加铺设计应重视层间结合处治,加铺层与既有路面之间应喷洒黏层油。水泥混凝土路面加铺沥青层时,宜设置应力吸收层。

9.4 路面再生

9.4.1 沥青冷再生混合料宜作为柔性基层,经论证可作为下面层使用。

9.4.2 水泥稳定就地冷再生混合料宜作为基层或底基层使用。

10 桥涵及交叉结构物

10.1 一般规定

10.1.1 易结冰、积雪的桥梁纵坡不应大于3.5%,大桥、特大桥超高横坡不宜大于5%。

10.1.2 桥梁横断面布置应与路基断面相协调,位于设有中分带和侧分带的路段,宜结合中分带、侧分带布置进行分幅设计。

10.1.3 对分期修建的桥梁,其桥梁上、下部结构形式的选择应为将来拼接加宽预留条件。

10.1.4 桥梁跨越河流两侧大堤时,梁底高程应不低于堤顶高程,堤顶防洪道路在征得河道主管部门同意的情况下,宜考虑改移至桥梁边孔通过。

10.1.5 分离式立交桥的桥下净宽和净空应满足被交道路规划的要求。

10.1.6 位于黄土冲沟地区的桥梁布孔应考虑岸坡塌陷对桥台安全的影响,宜适当增加桥长,并做好桥台岸坡的防护及排水。

10.1.7 软土路段桥梁的桥头地基和涵洞地基处理应与相邻路基段的地基处理方式相协调。

10.1.8 墩台地基内有软弱夹层时,应验算墩、台的沉降,台身较高时应验算包括桥头路堤在内的桥台深层滑动,同时对基桩应考虑负摩擦力的影响。

10.2 桥梁结构

10.2.1 上部结构的选用应遵循以下原则：
a) 跨径小于或等于50 m时，应采用标准跨径、装配式结构；
b) 平原区一般桥梁，跨径不大于16 m时宜选用空心板结构，跨径20 m～40 m时宜选用装配式连续箱梁结构；山区桥梁净空不受限制时，跨径不大于16 m时宜采用空心板结构，跨径20 m～25 m宜选用装配式箱梁，跨径30 m～50 m宜采用装配式T梁；梁桥的跨径不宜大于150 m；
c) 跨径不小于10 m的装配式板(梁)桥、跨径大于16 m的现浇连续箱梁桥，上部结构应采用预应力混凝土结构；
d) 跨径大于80 m的梁桥，主梁宜采用全预应力混凝土构件；
e) 跨径不大于30 m的桥梁联长宜控制在160 m以内，跨径30 m～50 m的桥梁联长宜控制在150 m以内；
f) 装配式预应力混凝土连续箱梁和T梁结构，应设置跨间横隔板，横隔板间距不宜大于10 m；
g) 曲线上桥梁由护栏调整线形时，应对边梁护栏预埋钢筋的位置进行设计，避免梁体吊装后再钻孔植筋。

10.2.2 下部结构设计应遵循以下原则：
a) 台后填土高度大于6 m时，宜采用肋板式桥台；
b) 跨径不大于50 m、墩高不大于25 m的桥梁下部结构宜采用圆柱式结构，墩高在25 m～35 m时宜采用方柱式结构，墩高超过35 m时宜采用薄壁、箱形等结构形式；
c) 应尽量避免设置单支座独柱式桥墩，条件受限时，不得连续设置；
d) 墩高超过40 m时宜采用墩梁固结体系；
e) 现浇桥梁墩台应径向布置；大半径平曲线上的预制结构桥梁墩台宜径向或平行法布置，上部结构采用折线布置；小半径平曲线上中、小跨径的预制结构桥梁宜采用平分中矢法布置，矢距较大时通过加大湿接缝和调整悬臂翼缘宽度等方式调整；
f) 位于陡坡山体上的桥墩，应提高桩顶(承台)高程，减少边坡开挖；
g) 位于陡坡黄土和破碎岩体路段的桥梁，桥台宜伸入挖方段；
h) 山岭重丘区桥梁应逐墩进行桩顶高程设计，确定有效桩长，并对基础开挖的边坡进行稳定性验算和防护设计。

10.2.3 附属构造设计应符合以下规定：
a) 装配式结构桥面水泥混凝土铺装层厚度不宜小于10 cm，现浇结构桥面可不设水泥混凝土整平层；
b) 桥梁横向排水泄水管宜竖向设置，当平向设置时梁体外应设置竖向弯头，伸出上部结构12 cm以上；对于弯坡斜桥，应在临近伸缩缝及合成坡度最低处设置泄水孔；
c) 天桥、分离式立交，以及靠近城镇、旅游景点、饮用水源的跨河桥梁，应通过管道把桥面水引至地面排水系统。

10.2.4 结构验算应符合以下规定：
a) 独柱式单支承桥梁应进行上部结构整体抗倾覆稳定性验算；汽车荷载按照公路—Ⅰ级的车辆荷载，并采用密布形式，其稳定系数应大于3.0，且在作用基本组合下单向受压支座的计算反力值应为正；
b) 横向支承间距小于桥面宽的1/3时，应进行抗倾覆验算。

10.3 涵洞

10.3.1 跨越人工沟渠的小桥涵布设以不过多改变现有排灌系统为原则，间距≤100 m时宜合并设置。

10.3.2 为便于清淤,新建管涵管径不宜小于1.0 m。

10.3.3 位于湿陷性黄土区的涵洞,应采用夯实或灰土桩、CFG桩等措施对地基进行处理。并加强防、排水设计,确保排水顺畅,与自然排水沟渠相衔接。

10.4 改(扩)建工程

10.4.1 既有桥涵的利用应符合下列规定:
 a) 既有桥梁总体技术状况评价等级为1类、2类的应原位利用,3类的经维修、加固后达到1类或2类时应利用,4类的宜拆除重建,5类的应拆除重建;
 b) 既有涵洞技术状况评价等级为1类的应原位利用,2类的应维修后利用,3类的宜拆除重建;
 c) 桥梁主要部件技术状况评价等级为1类或2类的宜利用;
 d) 既有桥涵的维修、加固应与改(扩)建工程同步进行。

10.4.2 二级公路改扩建一级公路项目中的特殊结构桥梁、特大桥宜采用单侧分离式加宽。

10.4.3 桥涵拼宽应遵循以下原则:
 a) 桥梁拼宽部分上部结构形式和跨径宜与既有桥梁保持一致;
 b) 拼接新建部分应满足现行设计标准的要求;
 c) 拼宽桥梁设计应考虑新结构与既有结构间的相互作用,如基础差异沉降、结构差异变形、混凝土差异龄期等因素,进行结构计算;
 d) 应综合考虑结构形式、跨径布置、拼宽部分自身稳定性、地质等因素,确定新结构与既有结构间是否连接。同一幅内新桥与既有桥梁的上部结构宜进行连接。装配式结构宜通过现浇湿接缝连接,下部结构不连接。

10.4.4 拼接结构设计应符合下列规定:
 a) 上部结构湿接缝宽度宜不小于15 cm,湿接缝宜分段浇筑、添加膨胀剂;
 b) 宜在既有横隔梁的对应位置设置横隔梁,新横隔梁与既有横隔梁之间宜采用刚接;
 c) 接缝施工宜在新建部分形成整体之后进行,横隔梁的接缝连接应先于桥面板湿接缝的连接;
 d) 下部结构不连接时,同一梁板不应骑跨墩台分隔缝布置;
 e) 同一墩台处新建部分的摩擦桩桩基长度不宜小于既有桥梁桩基长度;
 f) 拱涵、管涵接长时,宜拆除原斜涵部分;
 g) 新建部分的伸缩缝位置,应与既有桥梁对应设置,且宜整条更换。

10.4.5 既有桥涵调查、检测应符合下列规定:
 a) 应调查收集原设计图纸、竣工图纸以及历年养护情况等资料;
 b) 应对既有桥梁、涵洞及交叉结构物进行系统地检测,检测报告中应包括病害的详细描述(如裂缝的位置、长度、深度及走向等,绘制结构性裂缝分布图等)、技术状况评定、病害原因分析、病害处治或结构加固的方案建议;
 c) 对特殊结构、特殊材料或者特殊工艺的桥梁应通过静、动载试验检测进行分析评价;对典型结构桥梁,分类抽样选择三类桥、四类桥或四类构件梁进行静、动载试验检测,并编写承载能力评价报告,以此作为全线该类桥梁评价依据;
 d) 应调查既有桥梁沿河地段河岸堤防及河槽变迁等情况,根据加宽要求设置防护工程;
 e) 应调查既有桥梁建成后水文条件的变化情况,水文条件发生明显变化时,应进行水文勘测。

11 隧道工程

11.1 隧道位置选择

11.1.1 隧道不应设置于滑坡体内。

11.1.2 隧道不宜顺沟进洞,当洞口段位于土质、类土质或顺倾岩等地质条件较差的地段时,应正交或大角度相交进洞。

11.1.3 隧道不宜从村庄下方穿越,当条件受限不得已穿越时,应采取合理措施降低对居民生产、生活的影响。

11.2 隧道线形

11.2.1 隧道平面线形不宜采用设加宽的平曲线,当条件受限需采用设加宽的平曲线时,加宽值应布置在侧向宽度处,不应对检修道进行加宽。

11.2.2 隧道洞口应采用满足视距要求的竖曲线半径。

11.2.3 隧道纵坡一般情况下不应小于0.3%,并不宜大于3%,中短隧道不应大于4%,长、特长隧道纵坡不宜大于2.5%。

11.2.4 间隔5 s行程以内的两相邻隧道,隧道出洞口3 s行程+两隧道间路段+下一座隧道进口3 s行程范围内宜保持平、纵线形一致。

11.3 洞门形式

11.3.1 应综合考虑洞口地形、地质条件及隧址区自然环境,优先采用环保、美观、稳定性较好的环框式、削竹式洞门。

11.3.2 当洞口段为黏土、第四系覆盖层等承载力较低的软弱岩土时,不宜采用端墙式洞门。

11.3.3 黄土地区宜采用端墙式洞门。

11.3.4 洞口因偏压地形而采取延长明洞或半明半暗方案时,宜采用端墙式、台阶式洞门。

11.3.5 对于分离式隧道、小净距隧道,不宜将左右线洞门墙连成整体。

11.4 小净距隧道

11.4.1 隧道净间距宜大于1B(隧道跨度)、不宜小于0.5B。

11.4.2 当净间距大于1.5B时,支护措施可按普通分离式隧道进行设计。

11.4.3 浅埋段支护措施(初期支护及二次衬砌),无明显偏压时可同普通分离式隧道,当存在严重偏压时应根据实际情况进行专项设计。

11.4.4 深埋段支护措施(初期支护及二次衬砌)应在分离式隧道支护措施的基础上进行适当加强。

11.4.5 宜选择地形条件不利、地质条件较差一侧洞体为先行洞。

11.4.6 先行洞超前支护及施工支护措施可同普通分离式隧道,后行洞超前支护及施工支护措施可在分离式隧道的基础上适当加强。

11.5 连拱隧道

11.5.1 对于复合式中墙连拱隧道,当无偏压且围岩级别不低于Ⅳ级时,施工过程中可不对中隔墙采取回填、支撑等稳定措施。

11.5.2 地形偏压条件下的连拱隧道,从有利于中隔墙在施工过程中的稳定性考虑,宜采用先开挖浅埋侧的施工方法。

11.5.3 从有利于中隔墙顶部混凝土浇筑考虑,中导洞中线位置宜与中隔墙中线错开布置。

11.5.4 当洞口段偏压明显时,不宜将两侧洞口设置于同一横断面,宜延长埋深较大一侧的隧道结构。

11.6 辅助施工措施

11.6.1 洞口段偏压明显且地质条件较差时,为保障隧道安全进洞,隧道开挖前,可在垂直隧道轴线方向施作超前大管棚。

11.6.2 洞口浅埋段较长,管棚末端仍为地质较差的浅埋段时,可采用多循环长管棚或长管棚＋双层超前导管辅助施工。

11.6.3 洞身穿越长段落软弱地层或断层破碎带时,可采用自进式管棚、双层超前导管等辅助施工措施。

11.6.4 洞身一般Ⅴ级围岩地段宜采用超前小导管支护,一般Ⅳ级围岩地段可采用超前药卷锚杆支护。

11.7 施工方案

11.7.1 隧道开挖后初期支护应及时施作并封闭成环,Ⅳ级围岩落底位置距掌子面不大于50 m,Ⅴ、Ⅵ级围岩仰拱封闭位置距掌子面不大于40 m。

11.7.2 软弱围岩及不良地质隧道的二次衬砌应及时施作,二次衬砌距离掌子面的距离:Ⅳ级围岩不大于100 m、Ⅴ级围岩不大于80 m、洞口段不大于50 m。

11.7.3 小净距隧道及连拱隧道应在先行洞下半断面已开挖和仰拱封闭后再进行后行洞开挖,Ⅴ级围岩地段宜在先行洞二次衬砌施工后再进行后行洞开挖。

11.8 洞内排水

11.8.1 长、特长隧道以及地下水丰富的中、短隧道,宜设置中心水沟,对于地下水量不大的中、短隧道,也可采用两侧边沟排水。

11.8.2 当隧道内路面为沥青复合式路面时,宜采用中心水沟。

11.9 路面

11.9.1 隧道路面宜采用沥青混合料上面层与水泥混凝土下面层组成的复合式路面。

11.9.2 长、特长隧道采用沥青混合料时,宜采用温拌沥青混合料等环境污染较小的施工工艺。

11.10 内装

11.10.1 隧道可不进行内装,为改善行车环境,可对隧道边墙进行装修。

11.10.2 边墙装饰材料应采用耐久、易清洗、有一定反射率的材料,如瓷砖、装饰板等。

11.10.3 隧道装饰材料应满足隧道防火的要求。

12 交叉工程

12.1 分离式立交

12.1.1 分离式立交的设置应根据公路网规划、相交公路的功能、等级确定。

12.1.2 上跨正在通行的公路、铁路的桥梁宜采用预制安装结构。

12.2 通道

12.2.1 通道净宽和净高(宽×高)应符合下列规定:
a) 人行通道不宜小于4 m×2.5 m;
b) 机耕通道不宜小于4 m×3.0 m;
c) 汽车通道不宜小于6 m×3.5 m;
d) 通行大型农用机械的通道应不小于6 m×4 m。

12.2.2 防排水设计应符合下列规定:
a) 通道底高程位于地下水位以下时,应做防水设计;

b) 当通道下挖时,应采取措施避免通道积水。

12.3 天桥

12.3.1 人行天桥净宽不宜小于 4.5 m,车行天桥净宽不宜小于 7 m。

12.3.2 平原区天桥引道纵坡一般不宜大于 3%。

12.3.3 天桥桥头两侧边坡上宜设置人行踏步,踏步宜兼有急水槽排水功能。

12.3.4 上跨高速公路的分离式立交桥下净空应不小于 5.5 m。

12.4 互通式立交

12.4.1 一级公路直接与城市路网相接时,应与城市快速路或主干路衔接。

12.4.2 被交叉道路为一级公路、城市快速路(或规划一级公路、城市快速路)时,应根据被交叉道路的交通量,对匝道与被交叉道路的交叉形式进行论证;当匝道与被交叉道路采用平面交叉时,应为远期改建为互通式立交预留条件。

12.4.3 符合下列条件者宜设置互通式立交:
  a) 一级公路同通往县级以上城市、重要的政治或经济中心的主要公路相交处;
  b) 一级公路同通往重要港口、机场、车站和游览胜地的主要公路相交处;
  c) 两条具干线功能的一级公路相交处;
  d) 一级公路上,当平面交叉的通行能力不能满足需要或频繁出现交通事故时。

12.5 平面交叉

12.5.1 平面交叉应根据相交公路的公路功能、技术等级、交通量等确定采用主路优先、无优先交叉和信号交叉三种不同的交通管理方式,并应符合下列规定:
  a) 公路等级和交通量有明显差别的两条公路相交,宜采用主路优先交叉,次要公路上采用让行管理;
  b) 相交两条公路的等级均低且交通量较小时,宜采用无优先交叉;
  c) 下述交叉宜采用信号交叉:
    1) 两条交通量均大且等级或功能地位相同的公路相交的交叉,难以用"主路优先"的规则管理时;
    2) 次要公路交通量较大,交通量达到 300 pcu/h 时;
    3) 城市出入口或通过城镇的地段,非机动车和行人交通量较大时;
    4) 环形交叉的某些入口因交通量大而会出现过多的交通延误时。

12.5.2 渠化设计应遵循下列原则:
  a) 三级及以上公路的平面交叉应进行渠化设计;
  b) 一级公路与二级或二级以上公路相交叉时,应采用由分隔岛、导流岛来指定各向车流行径的渠化交叉;
  c) 设计速度较低,交通量较小的双车道公路相交叉时,可采用非渠化交叉。

12.5.3 平面线形设计应符合下列规定:
  a) 宜采用直线或大半径平曲线,不宜采用需设超高的平曲线;
  b) 平面交叉岔路不宜多于四条;
  c) 新建公路平面交叉的交角宜为直角;斜交时,其锐角宜不小于70°。当受地形条件及其他特殊情况限制时,应不小于60°。

12.5.4 纵面线形设计应符合下列规定:
  a) 平面交叉范围内,两相交公路的纵面应尽量平缓;纵面线形应大于最小停车视距要求;

b) 主要公路在交叉范围内的纵坡应在 0.15%～3%的范围内；当次要道路等级较低时，次要道路上紧接交叉的部分引道宜以 0.5%～2%的上坡通往交叉，而且此坡段至主要公路的路缘至少 25 m。

12.5.5 引道视距应符合下列规定：
a) 每条岔路和转弯车道上都应提供与行驶速度相适应的引道视距；
b) 引道视距在数值上等于停车视距，但量取标准为：眼高 1.2 m；物高 0。各设计速度所对应的引道视距及凸形竖曲线的最小半径规定见表 6。

表 6 引道视距和凸形竖曲线最小半径

设计速度(km/h)	100	80	60	40	30	20
引道视距(m)	160	110	75	40	30	20
引道凸形竖曲线最小半径(m)	10700	5100	2400	700	400	200

12.5.6 通视三角区应符合下列规定：
a) 相邻岔路间各自停车视距所组成的三角区内不得存在任何有碍通视的物体；
b) 管理和养护部门应对通视三角区范围内的绿化和高秆农作物种植上严加限制，特别是一级公路和二级公路或交通量较大的三级公路的交叉上。

12.5.7 平面交叉范围内的路面排水应流畅，并以此作为立面设计的主要考虑因素之一。包括隐形岛在内的任何部分路面上不得有积水。非铺面交通岛中的雨水宜通过盲沟、涵管或隔离排水层引入公路边沟或排水沟渠。

12.6 改(扩)建工程

12.6.1 分离式立交桥改(扩)建的要求参照桥梁改(扩)建的相关条款。

12.6.2 接长通道净空应与原有通道相同。

12.6.3 天桥改(扩)建设计应符合下列要求：
a) 天桥宜接长利用、减少拆除；
b) 天桥接长宜采用原有结构形式；
c) 天桥接长部分应满足现行规范要求，利用原有天桥部分的极限承载能力(或加固后)应满足现行规范要求；
d) 增设的天桥，上部宜采用预制安装结构；
e) 原有结构物不得侵入改(扩)建后道路的建筑限界。

12.6.4 互通式立交改(扩)建应遵循以下原则：
a) 应对原互通式立体交叉运营状况进行调查和分析评价；
b) 原互通式立交匝道出口处识别视距不满足极限值要求时，应采取必要的改善措施；
c) 改建的变速车道、渐变段、匝道应满足现行规范要求；当匝道满足原设计规范时，经论证，可直接利用。

13 交通标志

13.1 一般规定

13.1.1 4A 及以上旅游区指引标志可标注英文，其他干线公路标志一般不标注英文或拼音。

13.1.2 一级公路地点距离标志应符合下列规定：

a) 地点距离标志所示距离为标志距预告地点出口的距离，当连接该城市城区范围的服务型互通式立交不少于2个时，预告信息为距城区第一个服务型互通出口的距离；
b) 2个及以上互通式立交连接同一城市时，应在距每个互通式立交前基准点3 km处设置地点距离标志，同时告知前方连续的该城市出口的地点距离信息。

13.1.3 一级公路互通式立交出口预告标志设置应符合下列规定：
a) 出口预告标志宜采用悬臂或门架结构形式；
b) 互通式立交前基准点标志应采用门架结构形式，同时告知出口和直行信息；
c) 当两个出口距离不大于1 km时，第一个出口的1 km及前基准点出口预告标志应采用门架标志、第一个出口的出口标志应采用双悬臂标志，同时告知两个出口的信息。

13.1.4 服务区(停车区)标志设置应符合下列规定：
a) 预告标志应标明服务区(停车区)全称，如"××服务区"；
b) 驶入服务区(停车区)匝道末端应设置反向的禁行标志，驶出服务区(停车区)匝道起点右侧应设置"系安全带"信息标志；
c) 服务区(停车区)场区应设置完善的指引标志；
d) 多雾路段或其他行驶条件复杂的路段，可设置主动发光标志。

13.2 改(扩)建工程

13.2.1 新增设互通式立交时，应对新增互通前后各2个互通范围内的交通标志进行系统地评价和调整。

13.2.2 新增设服务设施时，应对新增服务设施前后各2个服务设施连续预告标志进行调整。

14 绿化工程

14.1 一般规定

14.1.1 植物选择应因地制宜、适地适树，首选景观效果较好的乡土树种，所选植物以易采购、易栽植、性价比高为基本原则；不同生态区域适生植物参见附录B。

14.1.2 植物配置品种不宜过多，应满足防护功能要求，间距合理、密度适中。

14.1.3 植物规格应采用常用规格。

14.1.4 应明确种植土壤要求，必要时应进行改良。

14.1.5 平曲线内侧绿化须满足视距要求，平曲线外侧宜栽种乔木，以增强行车诱导性。

14.1.6 过城镇路段，应与城镇风貌及沿线自然景观、人文历史相结合。

14.1.7 临近村庄路段，宜通过路侧绿化达到路宅分离、隔声降噪的效果。

14.2 填方路段

14.2.1 土路肩绿化应选择地被类植物。

14.2.2 边坡绿化应选择根系发达、耐干旱、耐贫瘠、抗性强的低矮灌木及草本植物；分离式路基内侧边坡上部绿化应满足防眩要求。

14.2.3 护坡道在路基高度不大于3 m时，宜种植乔木进行绿化。

14.2.4 隔离栅内侧宜选用攀缘植物进行绿化。

14.3 挖方路段

14.3.1 边坡绿化宜遵循以下原则：

a) 一般土质路段边坡宜选择草花组合或花灌木进行绿化；
b) 圬工骨架防护的石质路堑边坡骨架内可选择花灌木进行绿化。

14.3.2 碎落台宜种植花灌木，不宜种植高大乔木。

14.3.3 全坡面圬工防护（或石质路堑）边坡坡脚宜种植攀缘类植物。

14.4 中央分隔带

14.4.1 在满足防眩要求的前提下宜选择四季常绿、形态稳定、抗逆性强的主防眩树种，并适当选择花灌木组合搭配。

14.4.2 主防眩树种的高度宜为1.5 m～2.0 m、单行株距宜为1.5 m～2.0 m、双行株距宜为2.0 m～3.0 m。

14.4.3 中央分隔带绿化植物配置模式宜适当变化，降低视觉疲劳。

14.4.4 凹曲线底部宜适当增加主防眩树种高度。

14.5 平交口路段

平交口及环岛部位绿化时，须满足视距要求，通视要求范围内不得栽种乔木，宜栽植低于驾驶员视线的矮灌木及花草。

14.6 互通区

14.6.1 互通区内的空地均应进行绿化。

14.6.2 宜采用以圃代林的方式，合理控制工程造价。按小规格、大密度原则，采用自然式植物群落配置，不宜采用模纹化及图案式配置，植物种类不宜过多。

14.6.3 匝道平曲线内侧不应种植高大乔木，可栽植满足视距要求的花灌木、地被植物。

14.7 服务、管理设施站区

14.7.1 服务设施站区绿化应遵循以下原则：
a) 植物选择应注重观赏性；
b) 小车停车场区宜栽植高大乔木；
c) 不同服务功能区的隔离宜采用绿篱、花坛或树木等；
d) 场区绿化覆盖率宜控制在30%以内。

14.7.2 管理设施站区绿化应遵循以下原则：
a) 应结合功能分区进行绿化，工作区宜种植树形优美、季相搭配合理、花期较长的植物品种，生活区可因地制宜以小花园、小果园、小菜园的方式进行绿化；
b) 停车区域宜栽植乔木。

14.8 隧道洞口

14.8.1 洞口区域绿化应以恢复山体的自然生态为主。

14.8.2 洞口边仰坡宜种植爬藤类、灌木类植物，洞口分离式路基中间区域宜采用高大乔木与花灌木组合的绿化方式。

14.9 取、弃土场

取、弃土场绿化应以恢复原自然植物群落为主。

15 沿线设施

15.1 一般规定

15.1.1 选址应因地制宜、集约规划,避开高压走廊、地质灾害、环境敏感等区域,方便水、电、交通的接入;有条件时,水、电、暖、气等宜并入市政管网。选址及场区规划应具备远期扩建的条件。

15.1.2 场地布局应本着功能满足需求、形式简约紧凑、布局相对集中、分区明确合理、交通组织便捷、节能环保的原则进行设计。

15.1.3 各类设施的建筑室内外装修设计应标准适中、经济实用、安全环保。

15.2 服务设施布局

15.2.1 服务设施可分为服务区、停车区、公交停靠站、观景区(台)等四类。

15.2.2 服务区主要设停车场、加油站、汽车维修、公厕、休息区和便利店等功能;停车区主要设停车位、公厕、休息区等功能;公交停靠站根据运营线路设在村庄主要道路与公路相连处的安全区域;在风景优美地段可设观景台,观景台主要设停车、休息功能。

15.2.3 干线功能的一级公路应设置服务区和停车区,服务区间距宜为 50 km～80 km,停车区间距宜为 20 km～40 km。

15.2.4 集散功能的一级公路和干线功能的二级公路应视交通量构成、沿线村镇分布等因素进行综合分析,适度布设。

15.3 服务区、停车区布设原则

15.3.1 一级公路宜采用双侧港湾式,条件受限时,也可单侧布设;二级公路宜采用单侧布设。

15.3.2 服务设施场区内车行道宜采用沥青混凝土路面,人行道及广场宜采用广场砖、透水砖等铺装形式;加油站广场应采用水泥混凝土路面,货车及大客车停车场宜采用水泥混凝土路面,小客车停车场宜采用植草砖、透水砖等铺装形式。

15.3.3 停车位应按小客车、大客车、货车分类布设,并适当布设超长货车车位;小客车和大客车停车位应临近公厕、商业区域布设;货车车位宜采用前进停、前进出的停车方式。

15.3.4 加油站应设置在服务区出口区域,加油区宜分车型布设;场地规划宜根据需要考虑加气、充电设施的设置条件。

15.3.5 男女公厕入口、盥洗间与厕位区均应分开设置,并进行视线遮挡。

15.3.6 场区内道路、停车场应设置完善的标志、标线;室内外应按相关规范设置无障碍设施。

15.3.7 场区内应设置垃圾收集、中转设施;水、电、暖设施应采用节能、环保设备,宜推广采用太阳能等绿色低碳能源。

15.4 养护设施布局

15.4.1 养护工区、道班房设置应以近城(镇)而不进城(镇)为选址原则,养护工区(或道班房)应结合行政区划和养护管理模式合理布设,间距不宜大于 50 km。

15.4.2 在满足设置间距的基础上,宜考虑与公路其他管理及服务设施合并建设,以减少用地,方便管理。

15.4.3 养护工区设计可根据养护管理模式,配置小修保养所需的养护机械。

15.5 场(站)区废水排放

15.5.1 应按照雨、污分离,独立排放的原则,生活污水经处理达到排放标准后,并入排水系统;雨水经

管道收集后直接排入市政管网或主线边沟,必要时可设置蒸发池。

15.5.2 位于环境敏感区域的服务区,污水处理应达到中水回用相关标准,并应设置用于灌溉、冲洗的相关设施。

15.6 员工生活设施

15.6.1 有住宿功能的服务区应设置独立的员工生活设施。

15.6.2 管理设施的办公与生活区宜分开设置。

15.6.3 员工宿舍居室应按三类设置,并设置卫生间、淋浴间、洗衣、晾晒空间等设施。

15.6.4 员工食堂应按二级设置。

16 交通机电工程

16.1 一般规定

16.1.1 机电工程应与项目主体工程同期建设,若因条件受限无法同期建设,应同期预留预埋通信管道。

16.1.2 总体设计中应明确交通机电工程与主体工程(含安全设施)、房建工程以及机电工程内部各系统间设计界面。

16.1.3 机电设施设计应明确网络安全措施。

16.1.4 建设期应按照运营需要设置必要的临时机电设施,并结合永久设施统一考虑设置。

16.2 监控系统

16.2.1 作为干线的一、二级公路,监控等级应按C级规模设置,并应遵循以下原则:
  a) 宜在特大桥、互通立交、跨铁路桥、城市出入口、省界/市界等重点路段设置高清视频监控、交通事件检测及交通量检测设施;
  b) 宜在互通立交、主要公路平面交叉口、城市出入口前方设置动态信息发布及交通诱导设施;
  c) 宜在主要公路平面交叉口及有特殊安全要求(如学校、医院、重要单位等)的平面交叉口设置信号灯,并配置高清视频监控设施;
  d) 宜在沿线服务区、小型服务站、客运汽车停靠站的主要公共区域,设置高清视频监控设施;
  e) 可在城市出入口、省界/市界、村庄、集镇前后适当位置,设置卡口设施;
  f) 可在恶劣气象条件频发路段设置气象检测设施;
  g) 宜在超限站前方设置不停车超限检测系统。

16.2.2 作为集散的一二级公路监控等级可按D级规模设置,并应遵循以下原则:
  a) 可在特大桥、主要公路平面交叉口两侧、城市出入口等重点路段设置高清视频监控及交通量检测设施;
  b) 可在主要公路平面交叉口、城市出入口前方设置动态信息发布及交通诱导设施;
  c) 可在主要公路平面交叉口及有特殊安全要求(如学校、医院、重要单位等)的平面交叉口设置信号灯。

16.2.3 隧道监控应遵循以下原则:
  a) 公路长隧道、特长隧道或交通量大于5000 pcu/d的隧道,应设置视频监控设施;
  b) 一级公路的长、特长隧道应设置交通监控设施、火灾报警设施、消防设施、救助设施等。

16.2.4 外场设备视频、数据信号可通过公路沿线布设的通信专网、公共通信网或无线网络接入监控分中心。

16.3 通信系统

16.3.1 通信系统应准确及时地传输外场设备视频、数据等信息,保持公路各管理部门之间业务联络通信的畅通。

16.3.2 沿线敷设通信管道应符合以下要求:
  a) 宜不少于4孔的硅芯管;
  b) 一级公路通信管道宜埋设在中央分隔带内,中央分隔带采用混凝土护栏的路段以及受条件限制的路段,可埋设在路侧;
  c) 宜敷设一根不少于36芯的光缆。

16.4 照明工程

16.4.1 互通式立交、重要平交口、过城镇路段宜设置道路照明。

16.4.2 大桥上的路灯照明灯具应结合桥墩间距设置,路灯宜设置在桥墩上方,否则应对灯具提出抗震要求。

16.4.3 高杆灯具应采用泛光灯和投光灯相结合形式。

16.4.4 隧道基本照明光源应采用LED灯或其他高光效、节能、环保的光源。

16.4.5 路灯照明应结合道路横断面和灯具设置间距选择配光形式,高杆灯照明应选择与之相适应的配光曲线。

16.4.6 大功率照明灯具应选择节能型电容镇流器,小功率照明灯具可选择电子镇流器。

16.4.7 路灯照明应制定经济性和操作性强的高效节能方案,如变功率镇流器、单灯控制等。

16.5 供配电工程

16.5.1 对于照明总功率较大的路段应设置变压器供电,就近接入稳定可靠的10 kV电源;村镇附近照明总功率较小的路段可采用低压供电。取电困难的路段,可采用太阳能电源对外场设施、避险照明进行供电。

16.5.2 供电变压器宜选择有载调压变压器。

16.5.3 对于供电可靠性差的收费站和服务区应设置柴油发电机。

16.5.4 对变压器低压进线柜应设置低压计量装置。

16.5.5 宜选择自动投切的电容补偿柜。

16.5.6 变配电室的低压室应预留两面柜宽位置以保证因后期扩容而增加低压出线柜。

16.6 改(扩)建工程

16.6.1 应结合现有交通需求和运营管理需要,优化原路段机电工程管理架构。

16.6.2 同向分离路段的起点附近、不同扩建方式的过渡段宜设视频监视设施。

16.6.3 对于恶劣气象频发及事故多发路段,可增设必要的气象观测及信息发布设施。

16.6.4 应充分利用现有设施,对已达到使用年限或故障率高的设备宜考虑更换,对能耗较大的设备宜进行节能改造。

16.6.5 对原有机电设施的再利用应符合下列规定:
  a) 使用正常的道路摄像机、微波车辆检测器、可变信息标志等设备,应加以再利用;
  b) 门架式可变信息标志再利用时,不宜通过拼接加大显示版面;
  c) 新建光缆线路时,宜将关键传输业务转移至新建光缆线路,原线路可用于监控外场设备数据的短距离、监控图像传输等其他业务。

16.6.6 冗余管孔折算子管数少于4孔时,应进行通信管道的扩建。

附 录 A
（规范性附录）
服务(停车)区选址报告

初步设计阶段应对服务区、停车区进行详细选址，并编制选址报告，选址报告与初步设计文件一并提交审查，选址报告至少应包含以下内容：
a) 区域服务设施分布情况（包括区域路网已建、在建服务区、停车区的分布情况及评价）；
b) 项目沿线城镇、干线路网、人文景观、旅游区分布和规划情况；
c) 场地自然条件分析（包括地势、地形、气温、风、光、朝向、周边环境等）；
d) 场地建设条件分析（包括工程地质、水文地质、供水、供电、建筑材料运输等）；
e) 营运条件分析（包括给水、排水、电力、电信、燃料、生活物资供应等）；
f) 场地环境保护分析与评价；
g) 服务功能配置及工程规模；
h) 服务区、停车区设置对主体工程的影响分析及建议；
i) 方案比选及结论；
j) 相关图纸。

附 录 B
（资料性附录）
不同生态区域适生植物

B.1.1 豫西山地

大叶女贞、栾树、柳树、紫叶李、大叶黄杨、金叶女贞、紫薇、碧桃、连翘、雪松、小叶女贞、白蜡、龙柏、月季、木槿、迎春、花石榴、蜀桧、北海道黄杨、桧柏、石楠、凤尾兰、迎夏、麦冬、油松、三角枫、速生杨、刺槐、杜仲、悬铃木、丝棉木、枫杨、毛白杨、桂花、樱花、苹果、柿树、核桃、山楂、地锦、爬山虎、红花酢浆草、结缕草、狗牙根等。

B.1.2 太行山地

大叶女贞、栾树、海棠、紫叶李、碧桃、丁香、大叶黄杨、金叶女贞、石楠、紫荆、紫薇、木槿、迎春、连翘、月季、白蜡、蜀桧、枫杨、刺柏、龙柏雪松、合欢、花石榴、黄杨、迎夏、油松、侧柏、圆柏、柳树、速生杨、毛白杨、杜仲、悬铃木、国槐、楸树、黄刺玫、椿树、桂花、丝棉木、樱花、榆叶梅、山楂、苹果、柿树、核桃、地锦、爬山虎、红花酢浆草、麦冬、结缕草、狗牙根等。

B.1.3 黄土丘陵地带

大叶女贞、柳树、栾树、紫叶李、柽柳、大叶黄杨、小叶女贞、石楠、紫薇、木槿、迎春、连翘、白蜡、蜀桧、龙柏、碧桃、海棠、地锦、雪松、海桐、金叶女贞、花石榴、丁香、榆叶梅、刺柏、洒金柏、月季、紫荆、刺槐、杜仲、速生杨、毛白杨、三角枫、圆柏、丝棉木、悬铃木、枫杨、桂花、楸树、刺槐、樱花、小叶黄杨、山楂、苹果、柿树、核桃、石榴、国槐、椿树、地锦、爬山虎、红花酢浆草、麦冬、紫花苜蓿、结缕草、狗牙根等。

B.1.4 黄淮海平原

雪松、大叶女贞、黑松、侧柏、圆柏、国槐、柳树、泡桐、栾树、白蜡、三角枫、丝棉木、刺槐、乌桕、椿树、榆树、楸树、毛白杨、速生杨、悬铃木、蜀桧、龙柏、圆柏、石楠、桂花、樱花、海棠、紫叶李、大叶黄杨、北海道黄杨、铺地柏、小叶女贞、金叶女贞、丁香、胡枝子、紫穗槐、荆条、火棘、紫荆、碧桃、连翘、迎春、紫薇、木槿、花石榴、黄刺玫、珍珠梅、卫矛、刚竹、淡竹、早园竹、麦冬、爬山虎、地锦、扶芳藤、常春藤、红花酢浆草、狗牙根、高羊茅、结缕草、波斯菊、紫花苜蓿等。

B.1.5 淮南平原

雪松、大叶女贞、油松、广玉兰、香樟、火炬松、水杉、落羽杉、柳杉、柳树、黄山栾、悬铃木、楸树、刺槐、杜仲、枇杷、刺槐、乌桕、白蜡、蜀桧、龙柏、圆柏、法青、石楠、桂花、樱花、海棠、紫叶李、大叶黄杨、海桐、北海道黄杨、铺地柏、夹竹桃、小叶女贞、金叶女贞、丁香、胡枝子、紫穗槐、荆条、火棘、紫荆、碧桃、连翘、迎春、紫薇、木槿、花石榴、毛叶杜鹃、黄刺玫、珍珠梅、爬山虎、地锦、扶芳藤、常春藤、卫矛、刚竹、淡竹、早园竹、麦冬、红花酢浆草、狗牙根、高羊茅、结缕草、波斯菊、紫花苜蓿、金鸡菊等。

B.1.6 豫南山地

雪松、大叶女贞、火炬松、黑松、香樟、水杉、落羽杉、白蜡、柳树、黄山栾、悬铃木、楸树、杜仲、枇杷、乌桕、蜀桧、龙柏、圆柏、法青、石楠、桂花、樱花、海棠、紫叶李、大叶黄杨、铺地柏、石楠、海桐、北海道黄杨、夹竹桃、小叶女贞、金叶女贞、胡枝子、紫穗槐、荆条、火棘、紫荆、碧桃、连翘、迎春、毛叶杜鹃、紫薇、木槿、丁香、花石榴、毛杜鹃、黄刺玫、珍珠梅、金钟花、爬山虎、地锦、扶芳藤、常春藤、蔷薇、卫矛、刚竹、淡竹、早园竹、麦冬、红花酢浆草、狗牙根、高羊茅、结缕草、波斯菊、紫花苜蓿、金鸡菊等。